BEI GRIN MACHT SICH IHR WISSEN BEZAHLT

- Wir veröffentlichen Ihre Hausarbeit, Bachelor- und Masterarbeit

- Ihr eigenes eBook und Buch - weltweit in allen wichtigen Shops

- Verdienen Sie an jedem Verkauf

Jetzt bei www.GRIN.com hochladen und kostenlos publizieren

Bibliografische Information der Deutschen Nationalbibliothek:

Die Deutsche Bibliothek verzeichnet diese Publikation in der Deutschen Nationalbibliografie; detaillierte bibliografische Daten sind im Internet über http://dnb.d-nb.de/ abrufbar.

Dieses Werk sowie alle darin enthaltenen einzelnen Beiträge und Abbildungen sind urheberrechtlich geschützt. Jede Verwertung, die nicht ausdrücklich vom Urheberrechtsschutz zugelassen ist, bedarf der vorherigen Zustimmung des Verlages. Das gilt insbesondere für Vervielfältigungen, Bearbeitungen, Übersetzungen, Mikroverfilmungen, Auswertungen durch Datenbanken und für die Einspeicherung und Verarbeitung in elektronische Systeme. Alle Rechte, auch die des auszugsweisen Nachdrucks, der fotomechanischen Wiedergabe (einschließlich Mikrokopie) sowie der Auswertung durch Datenbanken oder ähnliche Einrichtungen, vorbehalten.

Impressum:

Copyright © 2002 GRIN Verlag, Open Publishing GmbH
Druck und Bindung: Books on Demand GmbH, Norderstedt Germany
ISBN: 9783656205463

Dieses Buch bei GRIN:

http://www.grin.com/de/e-book/7072/der-blick-und-das-schamgefuehl-in-jean-paul-sartres-werk-das-sein-und

Nina Strehle

Der Blick und das Schamgefühl in Jean-Paul Sartres Werk 'Das Sein und das Nichts"

GRIN Verlag

GRIN - Your knowledge has value

Der GRIN Verlag publiziert seit 1998 wissenschaftliche Arbeiten von Studenten, Hochschullehrern und anderen Akademikern als eBook und gedrucktes Buch. Die Verlagswebsite www.grin.com ist die ideale Plattform zur Veröffentlichung von Hausarbeiten, Abschlussarbeiten, wissenschaftlichen Aufsätzen, Dissertationen und Fachbüchern.

Besuchen Sie uns im Internet:

http://www.grin.com/

http://www.facebook.com/grincom

http://www.twitter.com/grin_com

Dokument Nr. 7072 aus den Wissensarchiven von GRIN.

Kommentare und Fragen zu Vermarktung und
Recherche richten Sie bitte an:

E-Mail: info@grinmail.de
http://www.grin.de

Der Blick und das Schamgefühl in Jean-Paul Sartres Werk Das Sein und das Nichts

von

Nina Strehle

Online-Datenbanken:

Inhalt

		Seite
1	Einleitung	1
2	Der Andere	2
	2.1 Der Andere als Objekt	2
	2.2 Der Andere als Subjekt	2
3	Der Blick	4
	3.1 Was ist der Blick?	4
	3.2 Was geschieht, wenn ich erblickt werde?	5
	3.3 Die Anwesenheit des Andern	7
4	Das Schamgefühl	8
5	Objektivierung des Andern	12
	Literatur	14

1 Einleitung

Der Kerngedanke des Werkes *Das Sein und das Nichts. Versuch einer phänomenologischen Ontologie* von JEAN-PAUL SARTRE ist die Aufspaltung des Seins in zwei verschiedene Seinsweisen: das *An-sich-sein* und das *Für-sich-sein*.

Alles gegenständliche, nicht-menschliche Sein existiert in der Art des *An-sich*, d.h. eines Seins, das mit sich selbst identisch ist. Gegenstände sind kurzerhand nur das, was sie sind. Ich nehme eine Welt wahr, die aus lauter Objekten bzw. *An-sichs* besteht und deren Zentrum ich bin.

Der Mensch besitzt die Fähigkeit, Bewusstsein von sich zu haben. Dieses Sich-Bewusstsein unterscheidet sich von seiner bloßen körperlichen Existenz und dem *An-sich* der nichtmenschlichen Dinge. Der Mensch existiert im Modus des *Für-sich*, da er nicht mit sich selbst identisch ist.

In dem Moment, in dem mich ein anderer Mensch erblickt, werde ich meiner selbst bewusst. Ich bin Objekt bzw. *An-sich* für einen *Andern*, der selbst Subjekt ist. Mein Wesen wird im Blick *des Andern* geschaffen, doch mein Sein ist von ihm abhängig, durch ihn bestimmt. Ich bin nicht *An-sich*, denn ich bin mehr als nur gegenständlich, und nicht *Für-sich*, denn ich bin nur, insofern ich *für-andere* bin. Ich bin mein eigenes Nichts.

Wenn ich nun zum Objekt eines fremden Subjekts werde, schäme ich mich. *Schamgefühl* ist Ausdruck eines Protestes gegen ein Etikett und gleichzeitig dessen Zustimmung. Der Mensch ist das, was er nicht ist, und ist nicht, was er ist.

Dennoch kann mich das *Schamgefühl* dazu veranlassen, zu meinem Wesen zurückzufinden. Ich kann *den Andern* sodann als Objekt erfassen, doch ich muss darauf Acht geben, ihn als solches zu fixieren. Ansonsten kehrt sich der beschriebene Prozess erneut um.

In den nachfolgenden Kapiteln sollen JEAN-PAUL SARTRES Ausführungen über *Blick* und *Schamgefühl* beleuchtet und veranschaulicht werden, um Einsicht in die Kerngedanken seines Werkes und in allgemeine Anschauungen des Autors zu erhalten.

2 Der Andere

In meinem Leben begegne ich verschiedenen Gegenständen, die sich in ihrem Dasein, ihrer Qualität und ihren Beziehungen zu meiner Welt zusammenfügen.

Bei einem Spaziergang durch den Park nehme ich beispielsweise Steine, Bäume, Wiesen und Hunde wahr, die ich beschreiben kann. Die Wiese ist grün, die Bäume stehen dicht beieinander und werfen Schatten, der Hund schnüffelt an einem Stein.

Begegne ich einem Menschen, so erfährt die Vorstellung meiner Welt eine tiefgreifende Wandlung. Dieser Mensch, der sich von den üblichen Dingen meines Universums unterscheidet und durch den sich jene Umgestaltung vollzieht, wird von JEAN-PAUL SARTRE *der Andere* genannt.

An dieser Stelle soll deshalb erläutert werden, was ich überhaupt sagen will, wenn ich von einem Gegenstand behaupte, dass er ein Mensch sei.

2.1 Der Andere als Objekt

Gehe ich in einem Park spazieren, sehe ich die Natur um mich herum. Es gibt Steine, Wege, Blumen, Bäume, Tiere und Menschen. Dies ist die Welt, die ich wahrnehme, und die in ihr enthaltenen Dinge sind einfach so, wie sie sind. Ihr Sein kann unter SARTRES Begriff des *An-sich* zusammengefasst werden.

In diesem Zusammenhang ist ein anderer Mensch nur ein Gegenstand mehr unter den übrigen Objekten. Seine Beziehung zu den Dingen ist rein additiv, er wird quasi zu ihnen hinzugefügt: er wirft einen Stein, pflückt eine Blume, führt einen Hund spazieren.

2.2 Der Andere als Subjekt

Eine radikale Wandlung erfährt mein Ausflug in den Park, wenn ich den anderen Menschen nicht mehr als Gegenstand sondern als Menschen, als Person wahrnehme.

Der Andere hat ähnliche Fähigkeiten wie ich. So wie er zuerst Gegenstand für mich war, so kann er mich gleichermaßen zu seinem Objekt machen.

Das Problem liegt darin, dass man nicht Objekt für ein Objekt sein kann. Die Objektivität setzt indirekt die Subjektivität voraus: wo ein Objekt auftritt, muss auch immer ein Subjekt anwesend sein. Indem *der Andere* mich nun als seinen Gegenstand wahrnimmt, beraubt er mich meiner Subjektivität.

Die Dinge, die ich zuvor wahrgenommen habe, organisieren sich nun um ihn als Subjekt herum. Zwar bleibt sein Umfeld Bestandteil meiner Welt, aber ich bin nicht mehr das Zentrum dieser Beziehungen. Freilich sind die Steine, Bäume und Tiere immer noch gegenwärtig, und ich kann annehmen, dass *der Andere* sie in gleicher Weise erfasst wie ich, doch es kann nur bei Vermutungen bleiben. Sein Bewusstsein ist mir unzugänglich. Obwohl beispielsweise die Wiese meiner Ansicht nach grün ist, so kann ich doch niemals das Grün nachempfinden, das andere Menschen sehen. Man kann deshalb niemals von Intersubjektivität sprechen, da das Wechselspiel der Objekt-Subjekt-Beziehung keine wirkliche Nähe zulässt. Es ist für mich unmöglich, die Welt durch die Augen eines anderen Individuums zu sehen. In dieser Weise bleiben die Menschen stets voneinander entfremdet.

Indem also *der Andere* mir als ein neues Zentrum erscheint, strukturiert sich die Welt, inklusive meines Daseins, entsprechend seiner Sichtweise um. Er nimmt unvorhersehbaren Einfluss auf meine *Situationen*[1].

> „So ist plötzlich ein Gegenstand erschienen, der mir die Welt gestohlen hat. [...] Die Erscheinung des Andern in der Welt entspricht also einem erstarrten Entgleiten der Welt, die die Zentrierung, die ich in derselben Zeit herstelle, unterminiert" (SARTRE, 1998, S.461f.).

Wenn *der Andere* seine Welt entwirft, ordnet sich ihm das Universum, dass ich wahrnehme, unter. Es entgeht mir in der Weise, in *der Andere* es sieht. Während der Begegnung mit einem Menschen entgleitet mir meine Welt und fließt quasi wie durch ein Abflussrohr ab. Das Nichts taucht in meinem Leben auf. Ich fühle mich bedroht.

Man darf sich dieses Ereignis jedoch nicht als einen konstanten Zustand vorstellen. Denn wie mir *der Andere* als Mensch begegnet und eine Desintegration meiner Welt darstellt, so sieht er in mir ebenfalls eine Person, die wiederum ihn zum Objekt machen kann. Der Kreislauf des Erblickens und Erblicktwerdens wiederholt sich fortwährend .

Das Zusammentreffen mit einem Menschen wirft noch einen anderen Gesichtspunkt auf. Indem ich zunächst von außen in die Welt hinein sehe, kann ich mich selbst nicht wahr-

---

[1] Für SARTRE hat der Ausdruck *Situation* eine spezielle Bedeutung, die auf S. 5 näher erläutert wird.

nehmen und an mir selbst keine Eigenschaften erkennen. Mir fehlt jegliche Objektivität für mich, da ich ja selbst Subjekt bin.[2]

Erst durch das Erscheinen eines *Subjekt-Andern* werde ich ein Objekt für ihn und erschaffe zugleich den Entwurf einer Welt für mich. *Der Andere* ist die Bedingung meiner Objektivität. Meine Identität ist somit von anderen Menschen abhängig. Ich kann als menschliches Wesen nicht *für-mich* existieren, sondern erfahre stets mein *Für-Andere-Sein*.

Was will ich nun sagen, wenn ich von einem Gegenstand behaupte, dass er ein Mensch sei?

SARTRE fasst die Antwort folgendermaßen zusammen:

> „Kurz, das, worauf sich mein Erfassen des Andern in der Welt als *wahrscheinlich ein Mensch seiend* bezieht, ist meine permanente Möglichkeit, *von-ihm-gesehen-zu-werden*, das heißt die permanente Möglichkeit für ein Subjekt, das mich sieht, sich an die Stelle des von mir gesehenen Objekts zu setzen. Das ‚Vom-Andern-gesehen-werden' ist die *Wahrheit* des ‚Den-Andernsehens'" (SARTRE, 1998, S.464).

3 Der Blick

Das *Für-sich* und das *Für-Andere-Sein* zeigen sich im Blick. Zur näheren Erläuterung ist deshalb eine Analyse des Blicks notwendig.

3.1 Was ist der Blick?

Unter Blick versteht man üblicherweise das Gerichtetsein zweier Augen auf einen Gegenstand oder eine Person. Ich kann die Augen meines Gegenübers beschreiben und sie dadurch zu Gegenständen meiner Welt machen.

Nach SARTRES Wortbedeutung geht der Blick jedoch über das bloße Augenpaar hinaus. Wenn ich erblickt werde, fühle ich mich als Objekt eines fremden Subjekts. Ich werde mir meiner Existenz bewusst.

---

[2] Um mich selbst beschreiben zu können, muss ich mir selbst bewusst sein. Bewusstsein ist jedoch immer intentional, d.h. Bewusstsein von etwas, von einem Objekt. Das Problem liegt darin, dass ich für mich nicht zugleich Subjekt und Objekt sein kann.

„[...] wenn ich den Blick erfasse, höre ich auf, die Augen wahrzunehmen [...] Der Blick des Andern verbirgt seine Augen, scheint *vor sie* zu treten. [...] Der Blick, den die *Augen* manifestieren, von welcher Art sie auch sein mögen, ist reiner Verweis auf mich selbst" (SARTRE, 1998, S.466f.).

Einen Blick erfassen heißt vielmehr, Kenntnis davon erlangen, angeblickt zu werden. Augen und Blick müssen also voneinander unterschieden werden.

Ferner zeichnet sich der Blick durch seine *pränumerische*[3] Anwesenheit *des Andern* aus. Steht man z.b. als Referent vor einem Publikum, so ist es möglich, die einzelnen Zuschauer zu zählen. In diesem Moment sehe ich sie. Werde ich jedoch von ihnen erblickt, verschmelzen die einzelnen Augen zu einem Kollektiv, zu einem einzigen Blick, der nicht mehr überschaubar ist. „Fortwährend, wo ich auch sein mag, erblickt *man* mich" (SARTRE, 1998, S.505).

3.2 Was geschieht, wenn ich erblickt werde?

JEAN-PAUL SARTRE verdeutlicht das Moment des Erblicktwerdens am Beispiel des Voyeurs.

Ich stehe an einer Tür und sehe heimlich durch das Schlüsselloch. Meine Wahrnehmung beschränkt sich auf den Flur, das Schlüsselloch und die Geräusche hinter der Tür. Vielleicht kann ich sogar die Leute im Zimmer erkennen und ihre Gespräche genau verstehen. Ich bin derzeit hingegeben in mein unmittelbares Tun. Meine Neugierde oder Eifersucht motivieren mich.

SARTRE nennt diesen Zustand *Situation*. Ich kann über mein Handeln frei entscheiden, insofern mich momentan gewisse Konstellationen und Widerstände nicht daran hindern. In dieser Situation habe ich jedoch kein Ich-Bewusstsein. Mein Sein kommt zwar in meinem Handeln zum Ausdruck, ich erkenne es aber nicht. Ich *bin* quasi meine eigene Tätigkeit. Ich kann mein Tun nicht beurteilen und mich nicht als neugierigen Lauscher bestimmen.

> „Deshalb kann ich mich nicht wirklich als in einer Situation seiend definieren: zunächst weil ich keineswegs setzendes Bewußtsein von mir selbst bin; ferner weil ich mein eigenes Nichts bin" (SARTRE, 1998, S.469).

Nach SARTRES Überzeugung bin ich also das, was ich nicht bin, und ich bin nicht, was ich bin. Denn einerseits *bin* ich in der Situation, in der ich kein Bewusstsein von mir habe, sozusagen nur meine Tätigkeit. Meine Handlungen machen aber nicht meine eigentliche Identität aus, denn mein tatsächliches Sein geht über jene hinaus.

Andererseits erlange ich Kenntnis meiner Person, wenn ich erblickt werde. Aber das, was *der Andere* mir auferlegt, bin ich auch nicht, denn nun bin ich das Objekt eines Fremden, gefangen in seiner Welt.

Meine Grundlage liegt außerhalb von mir und ist durch ein Nichts von mir getrennt. Dies wird erneut am Beispiel des Voyeurs deutlich.

Ich stehe also an der Tür und lausche. Plötzlich höre ich Schritte auf dem Flur. Jemand kommt, der mich sehen kann. Er ertappt mich in meiner Situation und legt mich als der fest, der ich bin, indem er sagt: Du bist ein Voyeur! Ich bekomme augenblicklich Bewusstsein von mir selbst.

> „Ich, der ich, insofern ich meine Möglichkeiten bin, das bin, was ich nicht bin, und nicht das bin, was ich bin, jetzt bin ich also jemand" (SARTRE, 1998, S.475).

Aus dieser Überraschung ergibt sich folgende Problematik.

Indem ich erblickt werde, bin ich kein Subjekt mehr. Ich bin Objekt für einen anderen Menschen, der Subjekt ist, in seiner Welt. Ich kann zwar erahnen, was er wahrnimmt, aber niemals durch seine Augen sehen. Er nimmt eine Welt wahr, die ich nicht betrachten kann. Einerseits verleiht mir *der Andere* also eine Identität, aber andererseits verliere ich sie wieder, indem sie Gefangene seiner Welt ist.

Ich werde mir selbst bewusst,

> „insofern ich mir entgehe, nicht insofern ich der Grund meines eigenen Nichts bin, sondern insofern ich meinen Grund außerhalb von mir habe. Ich bin für mich nur als reine Verweisung auf Andere" (SARTRE, 1998, S.470).

---

[3] nicht zählbar

Die Bewusstwerdung meiner Existenz und die gleichzeitige Entfremdung meiner Welt sind ein sich ständig wiederholender Prozess, der nur durch die Anwesenheit und durch den Blick einer fremden Person in Gang gesetzt werden kann.

3.3 Die Anwesenheit des Andern

Da ich nicht durch die Augen *des Andern* sehen kann, kann ich nur vermuten, dass er mich ansieht. Reicht allein diese Wahrscheinlichkeit aus, um mich erblickt zu fühlen? Dieser Aspekt soll an einem Beispiel erläutert werden.

Ich gehe nachts durch einen Wald. Ich nehme die Bäume wahr und betrachte den Waldweg, auf dem ich gehe. Zu dieser Zeit *bin* ich, wie bereits an der Darstellung des Voyeurs gezeigt, meine eigene Tätigkeit. Ich habe kein Bewusstsein von mir selbst.

Doch plötzlich höre ich Äste knacken. Ich habe Angst, dass mir jemand auflauern könnte. In diesem Moment entdecke ich mein Selbst, da ich mich in meiner Existenz bedroht fühle. Auch wenn sich das Geräusch als Täuschung erweist, wird die Furcht beim Gang durch die Dunkelheit gewöhnlich zum ständigen Begleiter. Stellt sich die Gegenwart eines Menschen als blinder Alarm heraus, verliert ebenso der Voyeur am Schlüsselloch nicht seine Scham.

JEAN-PAUL SARTRE beschreibt diesen Sachverhalt folgendermaßen:

> „Statt dass der Andere nach meiner ersten Alarmierung verschwunden wäre, ist er jetzt überall, unter mir, über mir, in den Nebenzimmern, und ich spüre weiterhin zutiefst mein Für-Andere-Sein [...]" (SARTRE, 1998, S.497).

Es reicht also allein die Wahrscheinlichkeit aus, dass jemand da sein könnte, mich entdeckt zu fühlen. Diese Empfindung hält an, auch wenn niemand mir auflauert oder wenn sich im Fall des neugierigen Lauschers die Schritte im Flur entfernen.

SARTRE unterscheidet die *Anwesenheit* eines Menschen allgemein von seinem körperlichen *Dasein*. Ein Mensch kann in meinen Gedanken und Erinnerungen gegenwärtig sein, obwohl er in Wirklichkeit Kilometer von mir entfernt ist. Derjenige, der mich mein *Für-Andere-Sein* erfahren lässt, taucht raum- und zeitlos bei mir auf. SARTRE spricht hier auch von der *brennenden Anwesenheit des Andern*.

„Was zweifelhaft ist, ist also nicht der Andere selbst, sondern das *Da-sein* des Andern [...]" (SARTRE, 1998, S.498).

Einwendend könnte man behaupten, dass *der Andere* Objekt meiner Vorstellungen sei, insofern er darin anwesend sei. Ein fremdes Subjekt, durch das ich zum Objekt werde, ist jedoch kein Gegenstand meiner Welt. In diesem Fall wäre es kein Subjekt mehr, sondern ein reales bzw. ideales Objekt innerhalb meiner Gedanken. Wenn ich erblickt werde, befindet sich *der Andere* im Gegenteil jenseits meiner Welt. Er ist ein distanzloses Subjekt, immer anwesend und doch unerreichbar.

„Zunächst einmal ist der Blick des Andern als notwendige Bedingung meiner Objektivität Zerstörung jeder Objektivität für mich. [...] durch den Blick des Andern mache ich die konkrete Erfahrung, dass es ein Jenseits der Welt gibt. Der Andere ist ohne irgendein Mittelglied bei mir anwesend als eine Transzendenz, *die nicht die meine ist*" (SARTRE, 1998, S.485f.).

Durch den Blick entfremdet *der Andere* mich von meiner Welt, aber ich bin von ihm abhängig, insofern ich als Person durch ihn bestimmt werde. Ohne die Anwesenheit eines anderen Menschen kann ich mich selbst nicht definieren, da ich gleichsam in meiner Situation versunken bin und mich selbst nicht wahrnehme. Das *Für-sich* und das *Für-Andere-Sein* sind eng miteinander verzahnt.

4 Das Schamgefühl

Der Andere ist also eine notwendige Bedingung meiner Identität. Ich bin in dieser Hinsicht von anderen Menschen abhängig, da ich *für-mich* selbst nur dann existiere, wenn ich *für-andere* bin. Dennoch bin ich ein Objekt in einer fremden Welt, die mir verschlossen ist und zu der ich keinen Zugang habe.

„[...] erblickt werden heißt, sich als unerkanntes Objekt von unerkennbaren Beurteilungen, insbesondere von Wert-Beurteilungen, erfassen. [...] So konstituiert mich das Gesehenwerden als ein wehrloses Sein für eine Freiheit, die nicht meine Freiheit ist" (SARTRE, 1998, S.481f.).

Ich bin in meiner Freiheit eingeschränkt, da ich durch *den Andern* bestimmt bin. Ich bin ein Gefangener seiner Bewertungen. Durch den Blick reißt er meine Welt, in deren Zentrum ich zuvor stand, mit sich fort. Ich kann, mit SARTRES Worten gesprochen, meine *Situationen* nicht mehr steuern.

> „Mit dem Blick des Andern entgeht mir die ‚Situation' [...]: ich bin nicht mehr Herr der Situation" (SARTRE, 1998, S.478).

Das Bewusstsein, wahrhaftig ein Objekt zu sein, löst in mir das Schamgefühl aus.

Üblicherweise verbindet man den Ausdruck Scham mit einer speziellen moralischen Empfindung. Werde ich z.b. darauf aufmerksam gemacht, dass ich moralisch verwerflich gehandelt habe, schäme ich mich. Überrascht man mich im Zustand der Nacktheit, bin ich peinlich berührt. Nacktheit ist nach SARTRES Überzeugung das Symbol der ursprünglichen Scham. Der entblößte Körper steht hier als Sinnbild unserer Objektheit. JEAN-PAUL SARTRE beschränkt das Schamgefühl dagegen nicht auf spezielle Handlungen. Scham ist vielmehr Anerkennung der Tatsache, dass man mich überhaupt sehen kann. Sie erscheint immer dann, wenn ich einem Menschen begegne, der mich erblickt. Das *Für-sich* und das *Für-Andere-Sein* erscheinen stets im Komplex mit dem Schamgefühl. „*Ich* schäme mich über *mich* vor *Anderen*" (SARTRE, 1998, S.518). Wenn *der Andere* beispielsweise nicht anwesend ist, kann ich meiner selbst nicht bewusst werden und auch keine Scham empfinden. So entspringt das Schamgefühl nicht meinen Gedanken oder Reflexionen über mich, sondern ich kann über mich selbst nur ein Urteil fällen, insofern ich anderen Menschen als Objekt erscheine.

Das Schamgefühl sei noch einmal näher am bereits beschriebenen Beispiel des neugierigen Lauschers erläutert.
Der Andere erblickt mich in jener Situation und sagt: Du bist ein Voyeur!
In diesem Moment legt er mich in meiner Identität fest. Er will mich sozusagen festnageln, zum *An-sich* machen. Es liegt in der Natur des Menschen, alles, was ihn umgibt, in Kategorien einzuteilen und zu versachlichen. So werden z.B. mathematische Formeln entwickelt, um Vorgänge in der Natur beschreiben zu können. Eine bestimmte Erfah-

rung wird hier auf einen abstrakten Begriff reduziert, quasi zu einem konkreten Gegenstand, zu einem *An-sich* gemacht.

Wenn ich von einem Menschen nun erblickt und zu einem *An-sich* seiner Welt gemacht werde, erkenne ich mich selbst, aber zugleich merke ich, dass ich es doch nicht bin. Ich erkenne das Urteil *des Andern* an und parallel dazu sage ich: Nein! Ich *bin* zwar das Bewusstsein dessen, was ich sage und fühle, aber ich gelange nie zu einer Ich-Identität. Ich werde im Blick *des Andern* geschaffen, trotzdem falsch geschaffen, weil ich nur *bin*, insofern ich *für-andere* bin. Schamgefühl ist folglich Ausdruck eines Protestes gegen ein Etikett und gleichzeitig dessen Zustimmung. Der Mensch ist immer das, was er nicht ist, und ist nicht, was er ist.

Diese Unbestimmbarkeit eines Ichs bzw. einer Ich-Identität zeigt sich auch im Verhältnis des Menschen zu seiner Geschichte. Mein gegenwärtiges Wesen ist nicht festzulegen. Da Zeit und Geschichte kontinuierlich voranschreiten, *bin* ich, sobald ich glaube, meine Identität gefunden zu haben, schon nicht mehr. Die Definition meines Wesens ist bereits veraltet, vergangen. In die Zukunft hinein kann ich mich jedoch auch nicht bestimmen, da ich hier nur zu unsicheren Vermutungen gelangen könnte. Deshalb bin ich gezwungen, mein Selbst laufend neu zu bestimmen.

Dieser Prozess lässt sich ebenso angesichts des Schamgefühls erkennen. Indem *der Andere* mir seine Qualitäten verleiht, sage ich Ja und Nein. Unter seinen Blicken schäme ich mich permanent. Dieser Vorgang geschieht fortwährend.

Neben der Scham lassen sich weitere subjektive Reaktionen auf den Blick *des Andern* feststellen. Wenn ich in meiner Freiheit eingeschränkt bin, indem ich mich den Qualifizierungen und Determinierungen anderer ausliefere, dann bin ich, wie SARTRE es bezeichnet, in *Knechtschaft*. Knechtschaft ist das Gefühl der Entfremdung aller meiner Möglichkeiten aufgrund einer fremden Freiheit. Ebenso empfinde ich *Furcht*, wenn ich *den Andern* als Subjekt anerkenne, denn ich fühle mich in Gefahr angesichts seiner Freiheit, mir Bestimmungen auferlegen zu können. Scham ist in derselben Weise das Gefühl, das zu sein, was ich bin, von mir abgeschieden in der Welt einer fremden Person.

> „So lässt mich im Blick der Tod meiner Möglichkeiten die Freiheit des Andern erfahren, [...] und ich bin Ich, für mich selbst unerreichbar und dennoch ich selbst, in die Freiheit des Andern geworfen und in ihr verlassen" (Sartre, 1998, S.487).

Ich erkenne also die Beurteilungen *des Andern* an und dennoch löse ich mich von ihnen. Ich bin nicht dieses *An-sich*, zu dem er mich machen will.

Die menschliche Existenz geht über das bloße Vorhandensein der Dinge in der Welt hinaus. Der Mensch besitzt als einziger die Fähigkeit, Bewusstsein von sich zu haben. Dieses Sich-Bewusstsein unterscheidet sich jedoch von seiner bloßen körperlichen Existenz. Innerhalb meines Ichs bricht daher eine Kluft auf, da das *Für-sich* nicht wie das *An-sich* mit sich selbst identisch ist. Das Nichts tritt in das Sein. „[...] es [mein Sein] ist von mir durch ein unüberwindbares Nichts getrenntes Ich [...]" (SARTRE, 1998, S.493). Ich bin nicht *An-sich*, denn ich bin mehr als nur gegenständlich, und nicht *Für-sich*, denn ich bin nur, insofern ich *für-andere* bin. Ich bin mein eigenes Nichts.

Durch den Blick erlange ich Bewusstsein von mir, aber ich will auch nicht nur Bestandteil eines anderen Menschen sein. Ich reiße mich quasi von diesen Bestimmungen los und versuche, mein „wahres" Ich zu finden.

> „Denn ich *bin* mein Losreißen von mir selbst, ich *bin* mein eigenes Nichts; es genügt, dass ich zwischen mir und mir mein eigener Vermittler bin, damit jede Objektivität verschwindet" (SARTRE, 1998, S.492).

Im Schamgefühl äußert sich, dass ich Objekt für eine fremde Person bin. Doch ich stelle fest, dass ich weder dieser Gegenstand bin, zu dem sie mich reduzieren will, noch dass ich *der Andere* bin.

> „Wenn es einen Andern überhaupt gibt, so muß ich vor allem derjenige sein, der nicht der Andere ist, und eben dieser durch mich an mir vollzogenen Negation mache ich mich sein und taucht der Andere als Anderer auf" (SARTRE, 1998, S.507).

Durch die Negation *des Andern* als *Nicht-Ich* erhält mein Ich seine Konstitution: „das Für-sich ist das, was der Andere nicht ist" (SARTRE, 1998, S.508). Ich bin das, was *der Andere* als nicht ihm gehörig zurückweist.

5 Objektivierung des Andern

Das Schamgefühl kann mich dazu veranlassen, mit *dem Andern* genau das zu machen, was er mit mir getan hat: ihn zum Objekt werden lassen.

„In der Tat kann die Anwesenheit des Andern jenseits meiner nicht enthüllten Grenze als Motivation dienen für mein Wiedererfassen meiner selbst als freie Selbstheit" (SARTRE, 1998, S.513).

Im Erfassen der Negation taucht das Bewusstsein von mir als *Ich-selbst* auf. Indem ich mich *vom Andern* losreiße, erobere ich mein *Für-mich* und meine Subjektivität zurück. Ich erfahre meine Spontaneität und meine freien Möglichkeiten. Der Prozess des Erblicktwerdens kehrt sich um.

„Die Reaktion auf die Scham besteht genau darin, denjenigen als Objekt zu erfassen, der *meine* eigne Objektheit erfasste. [...] Und dadurch *gewinne ich mich wieder*: denn ich kann nicht *Objekt für ein Objekt* sein" (SARTRE, 1998, S.517).

JEAN-PAUL SARTRES Überlegungen sind deshalb auch nicht mit der Vorstellung eines Gottes als eines allgegenwärtigen und unendlichen Subjekts vereinbar.

„[...] die Setzung Gottes ist von einer Verdinglichung meiner Objektheit begleitet; [...] ich setze mein Für-Gott-Objekt-sein als realer als mein Für-Sich" (SARTRE, 1998, S.518)

Da Gott als absolutes Subjekt angesehen wird, das nie Objekt werden kann, denn ansonsten wäre es nicht mehr Gott, „setze ich dadurch die Ewigkeit meines Objekt-seins und perpetuiere meine Scham" (SARTRE, 1998, S.518). Diese theistische Sichtweise ist nach SARTRES Meinung zum Scheitern verurteilt. Die Verehrung eines Gottes als eines immerwährenden Subjekts hindert mich an der Entwicklung meiner Identität.

Wenn ich erblickt werde, strukturiert sich mein Universum angesichts meines Gegenübers um. Ich verliere meine Welt, gelange jedoch zu einem Bewusstsein von mir, von dem ich zuvor nichts ahnte. Und dennoch entgleitet mir mein Wesen, denn ich bin, was ich nicht bin, und bin nicht, was ich bin. *Der Andere* will mich zu einem *An-sich* machen. Dagegen wehre ich mich und doch erkenne ich es an. Ich schäme mich. Ich reiße mich von *dem Andern* los und entwickle mein Ich. Infolgedessen bin ich motiviert, *den*

Andern zum Objekt zu machen, indem ich ihn erblicke. Jetzt ist er wieder ein Gegenstand, ein weiteres *An-sich* meiner Welt. Ich erfasse ihn in seinen *Situationen* und beschreibe ihn in seinem Handeln. Seine ursprüngliche Subjektivität kann jetzt nur noch als eine besondere Eigenschaft von ihm als Objekt angesehen werden, die Disposition nämlich, sich jeder Zeit, durch einen einzigen Blick zum Subjekt machen zu können.

„So ist der Objekt-Andere ein explosives Instrument, das ich mit Furcht handhabe, weil ich um es herum die permanente Möglichkeit spüre, dass *man* es explodieren lässt und dass ich mit diesem Explodieren plötzlich die Flucht der Welt aus mir heraus und die Entfremdung meines Seins erfahre" (SARTRE, 1998, S.529).

Ich lebe daher in fortwährender Sorge, *den Andern* als Objekt zu fixieren. Jeder Blick bedeutet Wiederholung des Kreislaufs. Nur der Tod setzt jenem ein Ende. Wenn ich sterbe, verliere ich jede Aussicht darauf, *dem Andern* gegenüber zum Subjekt zu werden.

Das Verhältnis des Ich *zum Andern* ist ein ständiges Ringen um Zentralität, ein Duell darum, Subjekt werden zu können.

Literatur

Primärliteratur

Sartre, Jean-Paul: Das Sein und das Nichts: Versuch einer phänomenologischen Ontologie, Hamburg: Rowohlt Taschenbuch Verlag, 1998.

Sekundärliteratur

Danto, Arthur C.: Jean-Paul Sartre. Göttingen: Steidl, 1986.

Helferich, Christoph: Geschichte der Philosophie: Von den Anfängen bis zur Gegenwart und Östliches Denken, 2. Aufl., München, Deutscher Taschenbuch Verlag, 1999, S. 405f.

Lutz, Bernd (Hrsg.): Metzler-Philosophen-Lexikon. Von den Vorsokratikern bis zu den Neuen Philosophen, 2., aktualisierte u. erw. Aufl., Stuttgart, Weimar: Metzler, 1995, S.774-781.

BEI GRIN MACHT SICH IHR WISSEN BEZAHLT

- Wir veröffentlichen Ihre Hausarbeit, Bachelor- und Masterarbeit

- Ihr eigenes eBook und Buch - weltweit in allen wichtigen Shops

- Verdienen Sie an jedem Verkauf

Jetzt bei www.GRIN.com hochladen und kostenlos publizieren